Reinkarnation

AF208614

Corinna Hübener

Kein Mensch lebt nur einmal auf der Erde!

Wir kommen wieder und wieder, bis wir gelernt haben, so zu sein, daß Gott uns in seinen ewigen Reichen dulden kann.

Das ist der Schlüssel zum Verstehen allen Erdenlebens

(Zoroaster)

Impressum

Bibliografische Information der Deutschen Nationalbibliothek:
Die Deutsche Nationalbibliothek verzeichnet diese
Publikation in der Deutschen Nationalbibliografie;
detaillierte bibliografische Daten sind im Internet
über http://dnb.dnb.de abrufbar.

Die automatisierte Analyse des Werkes, um daraus
Informationen insbesondere über Muster, Trends und
Korrelationen gemäß §44b UrhG („Text und Data Mining")
zu gewinnen, ist untersagt.

© 2024 Corinna Hübener
Verlag: BoD · Books on Demand GmbH, Überseering 33,
22297 Hamburg, bod@bod.de
Druck: Libri Plureos GmbH, Friedensallee 273,
22763 Hamburg

ISBN: 978-3-7597-9479-6

Inhaltsverzeichnis

I

Warum grundlegendes Wissen von der Reinkarnation notwendig ist

Dieses Büchlein wendet sich sowohl an suchende Menschen als auch an diejenigen, die meinen, bereits alles über das Thema Reinkarnation zu wissen.

Anlaß für mich, dieses Büchlein zu schreiben ist die, meiner Ansicht nach, zunehmende geistige Erstarrung auf Erden. Diese Erstarrung scheint die Wurzel allen Übels zu sein, deshalb halte ich es für dringend notwendig, hier Abhilfe durch Aufklärung zu schaffen, und hoffe, daß dieses kleine, aber inhaltsschwere Büchlein eine weite Verbreitung finden wird, und daß sich auch dadurch allmählich die Zustände auf Erden bessern werden.

Aber nicht nur auf Erden, denn das wahre Leben des Menschengeistes fängt ja erst mit dem Ablegen des grobstofflichen Erdenkleides an! Etwas, wovon die wenigsten noch, etwas wissen wollen.
Deshalb möchte ich niemanden gegen seinen Willen überzeugen wollen und auch keine Brücken schlagen zu der auf Erden herrschenden Wissenschaft und den verschiedenen Religionen, denn der suchende Mensch

muß sich selber bemühen zu Licht und Erkenntnis zu gelangen.

Dafür habe ich in diesem kleinen Büchlein das Wichtigste zum Thema zusammengestellt. Tatsachenberichte, die selbst den größten Zweifler überzeugen müssten sowie Offenbarungen aus höchsten Quellen.

*

Bereits vor Jahrzehnten schrieb der deutsche Autor Herbert Vollmann[1]
(1903-1999)

„Wenn erst einmal das Wissen von der Inkarnation in den Schulen der Zukunft allgemein gelehrt wird, hat die Menschheit einen großen Schritt vorwärts getan in ihrer geistigen Entwicklung".

Wann wird diese Zukunft sein? Und in welchen *„Schulen der Zukunft?".*

Schauen wir uns doch nur einmal Deutschland an: In manchen Schulen beträgt der Anteil an muslimischen Kindern fast 90%. Wie soll da dieses Wissen gelehrt werden?

---

[1] Aus seinem Werk „Neues Wissen zur Zeit der Weltenwende" Verlag der Stiftung Gralsbotschaft, Stuttgart 1995

Noch ist nicht aller Tage Abend, das ist wohl wahr, doch im Islam, insbesondere von den Schiiten, wird das Wissen von der Reinkarnation vehement abgelehnt und bestritten.

Bis auf den sogenannten Buddhismus und Hinduismus lehnen alle bekannten Religionen die Lehre von der Reinkarnation ab.

Und erst kürzlich wurde eine Lesung von mir aus einem Buch von Manfred Kyber an einem neutralen Ort abgelehnt mit den Worten, man sei politisch und weltanschaulich neutral, das sei Manfred Kyber mit seinem Bekenntnis zum Übersinnlichen nicht gewesen.

Ein Fortschritt in der *„geistigen Entwicklung"* der Menschheit ist scheinbar nicht in Sicht, auch wenn es hier und da Bestrebungen gibt, zum Beispiel im Philosophieunterricht das Thema Reinkarnation zur Sprache zu bringen.

Aber dies wird nur als Nebenfach angesehen, es ist nicht wirklich wichtig.

Oft wird dabei nur Platon (428/427 v. Chr. bis 348/347 v. Chr.) erwähnt, Origines (etwa 185 bis 284 n. Chr.) oder der deutsche Philosoph Schopenhauer.

Wobei Origines noch nicht einmal die Reinkarnation (in carne = ins Fleisch; Re- in - karnation = Wiederfleischwerdung) lehrte, sondern lediglich die Präexistenz der menschlichen Seele.

*

Bei den Alten Griechen war das Wissen von der Reinkarnation noch sehr lange lebendig. Deshalb sprach Jesus damals in Galiläa nur zu den Griechen, die zu ihm kamen von der Seelenwanderung.

In der Offenbarungsschrift „Unbekanntes aus dem Leben des Gottessohnes Jesus" heißt es:[2]

„Herr, wie es ist es mit der Geburt? Etliche in unserem Lande lehren, daß mit dem Tode alles für immer vorbei sei. Andere sagen, daß wir nach dem Tode in den Olymp oder irgendeinen anderen der seligen Orte eingehen, vielleicht auch an einen Ort der Strafe. Einige wenige aber meinen, daß wir immer wieder auf diese Erde geboren werden. Wer hat recht?"

Bescheiden fragte er es, und Jesus fühlte, daß es ihm ernst war, ja mehr noch, daß der Mann einen festen Glauben in sich trug, um dessen Bestätigung er rang.

Deshalb fragte Jesus statt der Antwort:

„Mit welcher Lehre hältst du es?" Eifrig erwiderte der Grieche:

Herr, wenn ich glauben sollte, daß wir nur für ein kurzes Leben in diese Welt kommen, daß

---

[2] „Verwehte Zeit erwacht", Band III, Verlag der Stiftung Gralsbotschaft Stuttgart, 1990

wir dann vergehen oder anderwärts weiterleben, so müßte ich an der Weisheit der Gottheit irre werden. Ich halte es mit denen, die da sagen, wir dürfen und müssen wiederkommen, bis wir ein bestimmtes Ziel erreicht haben."

„Und welches ist das Ziel?" fragte Jesus gespannt.

„Uns der Gottheit nahen zu dürfen" antwortete der Grieche aus seiner Anschauung heraus, und Jesus verstand ihn.

Du glaubst recht", sagte er gütig.

Nun brach aber ein Sturm los unter den Jüngern.

„Herr, das hast Du uns noch nie gesagt! Warum hast Du uns das verschwiegen? War ich auch schon auf der Erde? War ich da auch ein Jude? Wann habe ich gelebt? Wie oft?

Jesus hob die Hand, aber er lächelte.

„Eure Antwort habt Ihr Euch selbst gegeben" sagte er, „nie habt Ihr mich nach solchen Dingen gefragt. Ihr seid auch gar nicht reif dafür. Deshalb schwieg ich darüber. Statt nach Zweck und Ziel dieses Wiedergeborenwerdens zu fragen, ist es Euch wichtig, allerhand über Eure Vergangenheit zu erfahren. Genügt es Euch nicht, daß Ihr jetzt bei mir seid und Licht und Kraft von oben erhaltet?"

Dann wandte er sich wieder dem Griechen zu, an dem er besonderes Wohlgefallen hatte.

„Sorge dafür, daß Dich dieses Leben Gott entgegenträgt, dann wirst Du nur noch einmal das irdische Kleid tragen müssen. (...); denn ich sehe die Flamme in Deinem Herzen mit großer Stärke brennen."

*

Warum ist es so notwendig, daß das Wissen von der Reinkarnation in den Schulen und auf den Universitäten gelehrt wird?

Warum behauptet der Autor Herbert Vollmann, daß erst ein Fortschritt in der geistigen Entwicklung der Menschheit erzielt werden kann, wenn das Wissen von der Reinkarnation Allgemeingut geworden ist?

Weil wir ohne dieses Wissen, unabhängig von Rasse, Nation und Religion, alle verloren wären. Denn Stillstand ist bekanntlich Rückgang!

Was ist der Geist, und was ist mit geistiger Entwicklung gemeint?

*

Allgemein herrscht auf Erden noch der Materialismus vor, das heißt, das nichts gelehrt und allgemein geglaubt wird, was nicht mit den grobstofflichen Sinnen greif- und fühlbar ist. Was nicht von allen gesehen wird und mit wissenschaftlichen Methoden bewiesen werden kann.

Das, was in den Schulen und Universitäten heute gelehrt wird, orientiert sich nicht am Schöpfungswissen, also am Willen Gottes.

Dieser Wille muß aber erkannt werden. Offenbarungen helfen uns dabei.

Hohe Offenbarungen wurden und werden jedoch von den Menschen meist weder anerkannt noch nutzbringend angewandt. Und weshalb? Eine Aussage des Bringers der Gralsbotschaft, Abd-ru-shin (1875-1941), erhellt dies:

„Aus jeder Lehre machtet Ihr eine Religion,
und das war falsch"

Das heißt, das alle Wahrheitsbringer den Menschen Wissen vermittelten, welches sie nicht für ihren geistigen Aufstieg nutzten, sondern dem sie einen Kult errichteten, fernab des alltäglichen Geschehens.

Und so verschloß sich nach und nach der Sinn des Menschen für die ihn umgebende feinere Welt, aus der er kommt, in die er nach dem irdischen Abscheiden eintreten wird und von welcher er abhängig ist.

Um mit Johann Wolfgang von Goethe zu sprechen:

„Die Geisterwelt ist nicht verschlossen. Dein Sinn ist zu, Dein Herz ist tot."

Auf Sylt haben wir den schönen alten Spruch:
Rüm hart – klaar kimming

Es meint, daß nur, wer sich geistig öffnet, also Raum im Herzen hat, dem eröffnet sich ein weiter, klarer Horizont.

Erkenntnistiefe ist damit gemeint, die wir nur erlangen, wenn wir uns geistig öffnen.

Offenen und unbeengten Sinnes in der Schöpfung zu stehen ist eine Grundvorausset-zung für den geistigen Aufstieg.

Wir bleiben ansonsten auch im sogenannten Jenseits blind und taub. Unsichtbar wird die uns dort erwartende, andersartige Umgebung, die uns auch hier auf Erden feinstofflich umgibt, sein.

Dies wurde uns bereits mehrfach gekündet, ob Jakob Lorber, Friederike Hauffe (die „Sehe-rin von Prevorst") oder als Krönung, in der Gralsbotschaft von Abd-ru-shin, sie alle wie-sen uns daraufhin!

Mit der Dunkelheit ist die verengte Weltsicht unserer Anschauungen gemeint.

Eine geistige Öffnung erreichen wir jedoch nicht durch okkulte Praktiken, wie viele meinen, und wozu auch die Meditationen zählen, sondern allein die Reinheit unseres Herzens, die reine und klare Empfindung, welche die Stimme unseres Geistes ist, verhilft uns zu einer erweiterten Sicht.

*

Die Reinkarnation ist außerdem keine Erlösungslehre, wie einige glauben, sondern nur das geistige Erwachen verhilft uns zur Lösung vom Stoff und zum geistigen Aufstieg.

Einer, der dies im besonderen gelehrt hat, war Miang-Fong, deshalb hat sich einzig in Tibet das Wissen von den wiederholten Erdenleben noch einigermaßen erhalten.

Ich zitiere aus der Offenbarungsschrift über das Leben des großen Wahrheitsbringers, der Tibet damals vom Dunkel befreite:

„Es wurde Miang-Fong der Kreislauf der Menschengeister gezeigt, das ewige Hin und Her zwischen Dies- und Jenseits. Aber es machte ihn traurig, sehen zu müssen, wie die meisten mit jedem Erdenleben sich mehr mit Schuld beluden und wie ein neues Leben nicht aufwärts, sondern weiter abwärts trieb.“

S. 100: *„Blicket doch nach Oben!" versuchte Miang ihnen zuzurufen, aber niemand hörte ihn. Wie Ameisen, die zu ihrem Bau hinein und wieder hinausliefen, so kamen Miang die vielen Seelen vor, die im Zwischenlande sich aufhielten, ohne weiter zu kommen. Von Zeit zu Zeit verschwand eine Seele, und Miang konnte sehen, wie sie zur Erde zurückkehrte und dort ein neues Leben aufnahm. Aber was nützte das neue Leben, wenn es nicht zu neuen Erkenntnissen führte? Sollte es denn bei einem beständigen Hin- und Herwandern zwischen Erde und Aufenthaltswelt der Seelen verbleiben? Was hatte das für einen Sinn!"*
(...)
Grau und trübe sah es im Zwischenreich aus, droben aber war helles Licht, Schönheit und Freude. Wer dort oben angelangt war, der brauchte sicher nicht wieder zur Erde zurück, er hatte sein Ziel gefunden und durfte ein Diener des Allerhöchsten sein in Glück und Freude. Dankbar war Miang für das neue Wissen. Nun konnte er den Menschen noch besser helfen, konnte sie warnen, sich nicht an die Erde zu binden und ihnen den Weg zu den Himmelsgärten zeigen.[3]

---

[3] (aus: „Miang-Fong Ein Berich über das Leben des großen Wahrheitsbringers, der Tibet vom Dunkel befreite" lulu.com, 2011)

Bis heute hat sich aber an diesem Zustand offensichtlich wenig geändert...

*

Ohne das Wissen vom Sinn des irdischen Daseins, ja vom Sinn des Lebens und dem Wissen von einem Fortleben nach dem irdischen Abscheiden, ist kein geistiger Aufstieg möglich.

Wir kriechen dadurch im sogen. Jenseits auf dem Boden und sind, da wir hier auf Erden blind und taub für ein jenseitiges Leben sind, auch drüben blind und taub. Dazu kommt die Erschwernis der Lösung vom grobstofflichen Körper, wenn die Lichtsehnsucht, das Vertrauen und Hoffen auf eine jenseitige Welt, auf die wir bereits auf Erden hinarbeiten sollten, fehlt.

Das Glück und die Gnade, die Erlösung aus alledem sind dann wiederholte Erdenleben, also das Wiedereingehen in einen grobstofflichen Körper. Damit wird es aber kein Ende nehmen, wenn wir nicht endlich geistig erwachen!

Interessant in diesem Zusammenhang ist eine Aussage von Johann Wolfgang von Goethe, die er seinem Vertrauten Eckermann gegenüber einmal machte:

„ich möchte keineswegs das Glück entbeh-
ren, an eine künftige Fortdauer zu glauben. Ja,
ich möchte mit Lorenzo von Medici sagen, daß
all diejenigen auch für d i e s e s   Leben tot
sind, die kein a n d e r e s hoffen." (...)
Goethe störte sich aber an der dünkelhaften,
überheblichen Art, welche, meist Frauen, damals in Bezug auf die Unsterblichkeit der
menschlichen Seele hatten, und er sagte zu
Eckermann

„allein ich wolle mir ausbitten, daß mir drüben
niemand von denen begegne, die hier daran
geglaubt hätten."[4]

Johann Wolfgang von Goethe war ein Wis-
sender, dem bewußt war, daß es darum ging l
e b e n d i g zu sein, geistig zu erwachen,
statt dem Todesschlaf entgegen zu dämmern.
Denn heute wie damals neigen viele dazu fan-
tastische Vorstellungen von einem Leben nach
dem Tode und der Reinkarnation zu haben;
wenn sie sich überhaupt damit beschäftigen.
Das bloße Wissen von einem Fortleben nach
dem Tode bringt uns nämlich nicht sonderlich
weiter, sondern nur das Wissen von den Ge-

---

[4] aus: Eckermanns Gespräche mit Goethe, Erster
Band, Tempel Verlag Leipzig

setzmäßigkeiten der Schöpfung, die auch als Wille Gottes bezeichnet werden können, ist entscheidend für das SEIN des Menschengeistes.

GEIST ist der Wille Gottes. Der Menschengeist nur eine Abspaltung davon.

Mit GEIST ist nicht der irdische Verstand gemeint, sondern der innerste Kern des Menschen, sein wahres Ich.

Alles andere sind nur Hüllen, die der Menschengeist als Weltenwanderer braucht, um sich in die verschiedenen Stofflichkeiten inkarnieren zu können. Er benötigt diese zur Verkörperung, so kann man es auch nennen.

Sein Ich, sein Bewußtsein, sein bewußtes Sein, der Geist (von Ge-ist = Leben, das da ist) will und muß sich entwickeln, um dann nach erfolgter Vollendung aufsteigen zu können zum Licht.

Denn den Geist zieht es immer nach oben, der freigelegte Geist empfindet Lichtsehnsucht.

*

Es ist logisch, daß dies nach nur einem Erdenleben nicht möglich ist. Zumal sich der Mensch oftmals Schuld (Karma) auflädt, das er dort zu sühnen hat, wohin ihn die Karmafäden ziehen, und das ist die Erde.

Von daher ist jedes neue Erdenleben, jede Geburt ein großes Gnadengeschenk und eine erneute Gelegenheit, gut zu machen, wo der Mensch gefehlt hat.

Vor allem können wir aber hier auf Erden Erkenntnisse erlangen, die uns drüben, in der Feinstofflichkeit, rasch Fuß fassen und aufsteigen lassen, insofern uns keine Schicksalsfäden mehr an die Erde binden.

Jesus hat es bereits vor über 2.000 Jahren dafür geöffneten Menschengeistern gelehrt, heute ist es eine unumstößliche Tatsache, dessen Kenntnis nicht länger ignoriert werden darf, soll es einen tatsächlichen Fortschritt der Menschheit auf Erden geben.

Nicht nur Wahrheitsbringer, Weisheitslehrer und Spiritisten haben dies der Menschheit übermittelt, sondern etliche Menschen auf Erden konnten und können sich noch genauestens an ihr vorheriges Leben auf Erden erinnern.

Wir können viel daraus lernen.

Beweise für wiederholte Erdenleben

Man sollte dabei nicht auf Spötter und Zweifler hören, die immer wieder von sich geben „Es ist noch kein Mensch zurückgekommen!" und dabei lächelnd den Kopf schütteln.

Doch, jeder kommt zurück, insofern er nicht aufsteigen kann, was eigentlich das Ziel unserer Weltenwanderung sein sollte. Doch bereits seit Jahrtausenden ist der Erdenmenschengeist in seinen Anschauungen so tief gesunken, daß er nicht mehr fähig dazu ist, sein Sehnen nach Oben, nach Erlösung aus dem Kreislauf von irdischem Abscheiden und irdischer Wiederinkarnierung so stark in sich werden zu lassen, daß er nicht mehr zurück zur Erde kommen muß.

Die Lichtsehnsucht ist ein starker Hebel, der den Menschen nach Licht und Wahrheit suchen lässt, damit er frei wird von Verkettungen, die ihn immer wieder an die Erde binden.

Auch aus diesem Grunde die lange Reihe der Lehrer der Menschen. Angefangen von Hjalfdar in grauer Vorzeit bis hin zu Mohammed. Und immer wieder zieht sich durch alle Lehren der Hinweis auf den Weltenrichter, der kommen wird, um zu erlösen. Auf den Menschensohn, der als Richter seit Urzeiten von Gott dafür eingesetzt worden ist. Mit ihm kommt das Jüngste Gericht

In diesem Kapitel soll es jedoch um die Beweise für ein Fortleben nach dem irdischen Abscheiden und das Wiederkommen gehen.

Die Beweise sind heute so zahlreich, daß niemand mehr daran vorübergehen kann und niemand mehr behaupten sollte, daß die Menschengeister nicht wiederkommen.

Wer von der Reinkarnation nichts mehr weiß oder wissen will, der ist geistesträge, das einzig Lebendige in ihm, sein innerster Kern regt sich nicht mehr, er schlummert dem geistigen Tod entgegen.

Das heißt natürlich nicht, daß wir unser diesseitiges Leben ausschließlich mit dem Versuch verbringen sollten, in das jenseitige Leben einzudringen, wie es etliche meinen, indem sie Meditationen oder Hypnose vornehmen. Damit wäre nichts erreicht und der Mensch setzt sich einer großen Gefahr damit aus.

Nein, es gibt heute sehr viele Menschen, vor allem sind es Kinder, die sich genauestens an ihr vorheriges Leben erinnern können. Diese Erinnerung kommt bei ihnen auf natürliche Weise, ohne Nachhilfe durch Therapeuten oder okkulte Praktiken.

Shanti Devi

Einer der bekanntesten Fälle ist der von Shanti Devi, den Mahatma Gandhi damals sogar zu einer politischen Angelegenheit machte.

Shanti Devi wurde am 08.01.1902 in Indien, in Mathura geboren und erhielt den Namen Lugdi. Im zarten Alter von 10 Jahren wurde sie mit einem Tuchhändler verheiratet, von dem sie einige Jahre später schwanger wurde. Während der Kaiserschnittgeburt kam es zu Komplikationen und Lugdi verschied.

Am 11.12.1926 kam sie als Shanti Devi in der Nähe von Delhi wieder zur Erde.

Erst mit rund 4 Jahren fing sie an zu sprechen und einer ihrer ersten Sätze war: „Du bist nicht meine Mutter!" Sie sprach davon, daß dies nicht ihr wirkliches Zuhause sei und daß sie einen Mann und einen Sohn habe, zu denen sie gehöre.

Sie erzählte was sie in ihrem vorherigen Leben gegessen und welche Kleider sie getragen habe. Sie konnte sich auch genauestens an das Aussehen ihres Ehemannes in Mathura erinnern. Auch ihren Tod während der Geburt ihres Sohnes wusste sie zu schildern sowie den gesamten chirurgischen Eingriff. Damals war sie 6 Jahre alt.

Ihre Eltern hielten sie für verrückt.

Shanti ließ jedoch nicht davon ab, und ein entfernter Verwandter schrieb eines Tages einen Brief an ihren Ehemann aus dem vorherigen Leben, worin Details aus der Zeit von Lugdi mit ihm standen.

Es kam am 12. November 1935 zu einem Treffen zwischen ihrem Ehemann Kedarnath Chobey, dessen neuer Ehefrau und dem 10 jährigen Sohn.

Shanti brach beim Anblick des Sohnes in Tränen aus und umarmte ihn leidenschaftlich.

Sie wußte Details aus dem gemeinsamen Leben mit Kedarnath Chobey, die ein entfernt lebendes, 9 jähriges Mädchen niemals hätte wissen können.

Der erste Besuch von Shanti Devi in Mathura fand in Begleitung von Mahatma Gandhi sowie einem 15-köpfigen Komitee zur Untersuchung des Falles statt.

Das junge Mädchen beschrieb auf dem Wege zu ihrem ehemaligen Wohnhaus die Veränderungen im Viertel präzise und kannte sich in dem Haus bestens aus. Sie fand sogar Geld wieder, das sie als Ludgi einst versteckt hatte.

Es kam auch zu einem Treffen mit ihren früheren Eltern, das für alle sehr bewegend war. Sie hing sichtbar mit rührender Zuneigung an ihnen.

Shanti Devi ging 1987 im Alter von 61 Jahren hinüber und war immer wieder Objekt der Reinkarnationsforschung.

Jenny Cockell

Die Engländerin Jenny Cockell wurde am 10. Juli 1953 in Barnet Hertfordshire geboren. Im Alter von 4 Jahren kamen ihr in Träumen und in Erinnerungen der Name „Mary" und ein vorheriges Leben in Irland ins Gedächtnis. Sie fertigte Zeichnungen davon an, wie es an ihrem vorherigen Wohnort ausgesehen hatte und eine unbestimmte Sehnsucht zog sie an einen ihr bislang unbekannten Ort. Aber weder ihre Eltern noch ihre Umgebung in England schenken ihr Glauben und für sie als Kind ist das Ganze eine große Ungewißheit, aber etwas, das sie in ihrer Gedanken- und Gefühlswelt begleitet. Die Erinnerungen an ein vorheriges Leben in Irland lassen sie nicht los.

Als erwachsene Frau macht sie sich dann auf die Reise nach Irland, in den kleinen Ort Malahide.

Unter Hypnose versuchte sie, mehr herauszufinden, die unteren, verdrängten Schichten des Bewußtseins zu aktivieren. Was nur teils gelang. Es blieb eine Puzzlearbeit und war nur ihrer Beharrlichkeit bei der Suche nach Bestätigung ihrer Erinnerungen zu verdanken, daß ihr Gewißheit wurde.

Demnach starb sie als 35jährige Frau namens Mary Sutton bei der Geburt ihres achten Kindes in einem Krankenhaus in Dublin. Diese schmerzhafte Erinnerung, das Aufbäumen gegen das Abscheiden und die Sorge um ihre Kinder, die sie bei ihrem trunksüchtigen Ehemann zurücklassen musste, nahm sie wohl als letzten, starken Moment mit und dieser blieb ihr.

Als erwachsene Frau machte sie sich dann ab den 1980er Jahren auf die Suche nach ihrer verlorenen Heimat und nach ihren, mittlerweile alt gewordenen Kindern...

Die sie fand. Es kam sogar zur einer bewegenden „family reunion".

Sie schrieb ein Buch über ihre Geschichte und Hollywood verfilmte den Stoff zu einem aufsehenerregenden Kinohit.

Söner, Cancu, Mehmet und Özer

Ein beindruckendes Zeugnis bewiesener Reinkarnation ist der Dokumentarfilm „Zwei halbe Leben sind kein Ganzes" des deutsch-türkischen Filme-machers Servet Ahmet Golbol (IMPALA Filmproduktion 2008), worin er vier Jugendliche und Kinder zu Wort kommen lässt, die sich genauestens an ihr vorheriges Leben erinnern können.

Diese Dokumentation sollte Pflicht an allen Schulen sein.

Vor allem wird dadurch deutlich, daß Kinder, einfache Kinder, wesentlich mehr wissen, als studierte Akademiker; ob von Seiten der Naturwissenschaften oder der Religion.

So wird beispielsweise unter anderem der Patriarch der orthodoxen Kirche von Servet Ahmet Golbol interviewt, der ganz klar die Worte findet:

„Die Reinkarnation ist unmöglich." „Bei uns Christen gibt es das nicht."

Die Kinder behaupten aber übereinstimmend

„Wir glauben daran, weil es das gibt."

Wie kommen die Kinder und Jugendlichen zu dieser Gewißheit?
Durch eigenes Erleben.

Es ist ein Glücksfall und Servet Ahmet Golbol hoch anzurechnen, daß er diese Dokumentation gemacht hat.

Untermalt durch einfühlsame Bilder, viel Lokalkolorit und der wunderbaren Musik von Quadro Nuevo erzählen Mehmet Kayikci, Cansu Sogusku, Soner Karaali und Özer Coban von ihren vorherigen Leben, ihrem Tod und den Erlebnissen danach.

Selbst dem hartnäckigsten Zweifler dürfte bei den Schilderungen der Spott im Halse stecken bleiben.

Cansu, ein 11 jähriges Mädchen, kann sich noch genauestens an ihr vorheriges Leben als Lulu erinnern. Sie wurde von ihrem psychisch kranken Ehemann 1994 erschossen.

Als Cansu Sogusku inkarnierte sie 1995 erneut und wollte schon als kleines Kind ständig zu ihren Eltern. Zu ihren „richtigen" Eltern. Sie hieß damals Nilüfer „Lulu" Sut. Ihre Eltern aus dem vorherigen Leben akzeptieren dies.

Soner Karaali hieß in seinem vorherigen Leben Zeki. Er starb 1989 während des Fischens im Sturm. Sein Boot kenterte und er ertrank. An den Moment unter Wasser konnte er sich noch genauestens erinnern. Er hinterließ eine Frau und zwei Kinder.

1998 kam er in Deutschland, als Kind einer deutschen Mutter und eines türkischen Vaters wieder zur Erde.

Zum Glück zeigte sich seine Mutter aufgeschlossen für die Schilderungen des kleinen Jungen, die sehr präzise waren.

„Das kann ein 4-jähriger Junge nicht von sei-
ner Phantasie her erzählen"

Mit seinen Eltern fährt er in die Türkei, an
seinen vorherigen Wohnort. Sie besuchen seine Eltern sowie Frau und Kinder aus dem vorherigen Leben. Im Hause der Eltern nimmt er
einige Sachen mit, die ihm gehören. Der Vater
sagt im Interview, er benahm sich dabei wie
ein erwachsener Mann und nicht wie ein Kind.

Mehmet hieß in seinem vorherigen Leben
Refik Mansuroglu. Er verunglückte 1989 wäh-
rend eines Autounfalls und starb nach vier Ta-
gen im Krankenhaus. Er inkarnierte sofort. Im
Interview erzählt er, wie er sich seine neue
Mutter aussuchte und sie bereits zuvor im
Traum aufsuchte.

„Ich habe sie immer in ihren Träumen besucht"

Özer Coban hieß Mithat und war in seinem
vorherigen Leben ein Elektriker. Ein Gebäude
stürzte während der Arbeit über ihm zusammen und er verschied noch am selben Tage
im Krankenhaus.
Als Kind mit 3 ½ Jahren wollte er ständig zur
Arbeit gefahren werden und betonte stets, daß
er selbständig sei. Seine Erinnerungen waren
so präzise und genau, daß er in seinem neuen

Leben als Özer Geld eintrieb, daß ihm eine Frau für seine Dienste in seinem Leben als Mithat schuldig geblieben war. Sie beglich die noch offene Rechnung widerstandslos.

*

Den geschilderten Fällen ist gemein, daß alle durch einen unnatürlichen Tod früh abschieden. Beim Fischen ertrunken, vom Ehemann erschossen, Auto- und Arbeitsunfall.

Offensichtlich war ihr gesetztes Lebensende noch nicht erreicht, so dass sie vorzeitig abschieden und dadurch die Möglichkeit hatten, rasch wieder zu inkarnieren.

Sowohl in der Bibel als auch in der Edda wird uns überliefert, daß zwei Dinge im menschlichen Erdenleben festgelegt sind: Der Zeitpunkt des Todes und der Zeitpunkt der Geburt.

„ein jegliches hat seine Zeit" geboren werden und sterben (Prediger Salomo 8,6)
„auf einen Tag ist mein Alter bestimmt und meines Lebens Lauf" (Edda)

Auch viele medial veranlagte Menschen berichten übereinstimmend davon, dass Anfang und Ende unseres irdischen Daseins vorherbestimmt sind. Zum Beispiel Oscar Busch („Von Stufe zu Stufe", 1911)

Jeffrey J. Keen

Im November 2021 erschien das Buch „Fire in the Soul: Reincarnation from Antietam to Ground Zero" von Jeffrey J. Keen.

Darin schildert der pensionierte Assistand Fire Chief aus Westport (Conneciticut) wie er entdeckte, daß er in seinem vorherigen Leben der Kon-föderierten General John B. Gordon gewesen ist.

Wie kam es dazu? Der Feuerwehrmann besucht mit seiner Frau das Schlachtfeld Antietam des amerikanischen Bürgerkrieges in Maryland.

Es ist die Stätte einer der entscheidensten und blutigsten Schlachten des Krieges. Tausende Soldaten fielen dort an einem Tag.

Es überkommen ihn seltsame, unerklärliche Empfindungen und Gefühle.

In der Folge beschäftigt er sich mit historischen Zeugnissen dieser Schlacht und des Bürgerkrieges.

Er liest unter anderem das Buch „Reminiscenses of the civil war" von John Brown Gordon. Dabei erkennt er die große Ähnlichkeiten im Aussehen und im Leben zwischen diesem Südstaaten-General und ihm.

Jeffrey J. Keen ist niemand, der an Reinkarnation glaubte oder sich mit Esoterik beschäftigte. Für den bodenständigen Feuerwehrmann war das alles Neuland.

Die verblüffende Ähnlichkeit im Gesicht zwischen Gordon B. Brown (1832-1904) und ihm ist jedoch unverkennbar. Dazu kommt, daß Jeff Keen Merkmale im Gesicht, an Armen und Beinen hat, wie Narben, die auch John B. Gordon trug. Es waren Verletzungen aus Schlachten.

Er selbst wurde mit Schmerzen an diesen Stellen an seinem 30. Geburtstag ins Krankenhaus eingeliefert.

An diesen Stellen wurde John B. Gordon an seinem 30. Geburtstag in der Schlacht von Antietam verwundet.

Jeffrey J. Keen ist es egal, was die Leute denken und sagen und Experten
meinen zu wissen, er ist überzeugt davon, in seinem vorherigen Leben der Südstaatengeneral John B. Gordon gewesen zu sein.

Interessant in diesem Zusammenhang ist auch ein Ereignis aus dem Jahre 2007: Er wird zu einem Online Reincarnation Forum eingeladen, da er als Feuerwehrmann am 11. September 2001 bei dem Inferno am World Trade Center tätig gewesen ist. Er soll die Aussagen eines kleinen Jungen bestätigen, der meint, in dieser Katastrophe umgekommen zu sein. Mit der Hilfe von Jeff Keen wird herausgefunden, daß der Junge ein Feuerwehrmann gewesen ist, der am 11. September umkam und offensichtlich bald wieder inkarnieren konnte.

James Leininger

Einer der spektakulärsten Fälle von bewiesener Reinkarnation bei Kindern ist der Fall James Leininger. Er wurde am 10. April 1998 in Dallas geboren und lebt seit Mai 2000 mit seinen Eltern Andrea und Bruce Leininger in Lafayette/Louisana.
Der 2-jährige wird von wiederkehrenden Albträumen geplagt, bei denen er unter der Decke mit den Füßen strampelt und wiederholt panisch schreit *„Little man cannot get out!“* Er träumt von einem brennenden, abstürzenden Flugzeug, in dem er gefangen ist.

Im Buch „Soul Survivor-the reincarnation of a worldwar II fighter pilot" (erschienen in den USA 2010, in Deutschland 2017 bei Allegria) wird die gesamte Geschichte detailliert von den Eltern geschildert. Vor allem der Vater konnte zuerst nicht an einen Fall von Reinkarnation glauben.

Ihr kleiner Sohn berichtete davon, daß er eine Corsair geflogen sei und daß sein Flugzeug, mit dem er abstürzte, von der *Natoma* gestartet sei.

Auf die Frage, wie denn „der kleine Mann" gehießen habe, antwortete er „*James.*"

Sie schalten die Reinkarnationsexpertin Carol Bowmann ein und in einer akribischen Arbeit puzzlen sie das vorherige Leben ihres Sohnes auf.

Demnach hieß er in seinem vorherigen Leben James Huston, er war ein Kampfflieger im 2. Weltkrieg und wurde von den Japanern am 3. März 1945 über dem Pazifik abgeschossen. Die letzten Minuten in der Maschine müssen dramatisch gewesen sein, so dass James diese Todesängste mitnahm.

Er zeigte bereits mit 2 Jahren ein enormes Wissen über Jagdflugzeuge und kannte auch seine Kameraden von damals noch, einen besuchten sie in Arkansas.

Auch die Schwester von James Huston konnte ausfindig gemacht werden, welche viele der Angaben von James Leininger zu den damaligen Familienverhältnissen bestätigte und sagte, daß ihr Bruder James immer schon eine Faszination für das Fliegen gehabt hätte.

Eine der verblüffendsten Tatsachen war auch, daß James sich, als er im Zwischenreich lebte, sich seine neuen Eltern aussuchte. Er erzählte seinem Vater Bruce von dem „ großen pinken Hotel" in dem seine zukünftigen Eltern weilten, bevor er zu ihnen kam. Tatsächlich hatten Andrea und Bruce Leininger im flamingofarbenen Royal Hawaian Hotel Urlaub gemacht, 5 Wochen danach bemerkte Andrea, daß sie schwanger war.

James Leininger sprach auch davon, wie er seine ihm vorausgegangenen Kameraden im Himmel traf, und diese auf ihn warten wollten.

Professor Ian Stevenson und Dr. Jim B. Tucker

Es ist außerdem nicht richtig, wenn immer wieder behauptet wird, dies wäre kein Thema für eine seriöse Wissenschaft.

Professor Ian Stevenson von der University of Virginia untersuchte ab den 1940er Jahren bis zum Jahre 1960 Tausende von Fällen, in denen sich Menschen, meist Kinder, an ihr vorheriges Leben erinnern konnten, dabei wurden, nach wissenschaftlich genau festgelegten Regeln 20 Fälle eindeutig als Reinkarnation bewiesen.

Seine wissenschaftliche Arbeit faßte er in dem Werk „Reinkarnation – Der Mensch im Wandel von Tod und Wiedergeburt – 20 überzeugende und wissenschaftlich bewiesene Fälle" Aurum Verlag, 1976 zusammen.

Die Arbeit von Professor Ian Stevenson (1918-2007) wurde von Dr. Jim Tucker an der Universität von Virgina weitergeführt. Er ist Professor für Psychiatrie und Neuro-Verhaltenswissen-schaften. Seine Arbeit über Reinkarnation wurde allerdings, anders als noch bei Prof. Stevenson in den 1940er und 50er Jahren, nicht mit Geldern der Universität unterstützt. Seine überaus wertvolle Arbeit wurde durch Spendengelder finanziert.

Würden mehr finanzielle Mittel in die Erforschung der Erinnerungen an vorherige Leben gesteckt, so würden sicher auch mehr Menschen dadurch erreicht werden können und wiederholte Erdenleben wären eine unumstößliche Tatsache.

Jim B. Tucker faßte seine Forschungen im Buch „Kinder erinnern sich" (Allegria 2014) zusammen.

Exemplarisch für die Arbeit von Dr. Jim B.Tucker sei nur der Fall Cameron McCauley erwähnt:

Cameron wird im Jahre 2000 geboren und lebt in Glasgow/Schottland. Im Alter von 2 Jahren kommen erste Erinnerungen an ein vorheriges Leben. Der Junge betont immer wieder:

„I am a „Barra boy" und „I want to go to Barra to my other family".

2022 schaffte diese Geschichte es sogar in den Mirror:

„Toddler could perfectly describe past life on Scottish island — but had never been there"

"He certainly responded to the house in a way that made it seem this was a special place for him," Dr. Tucker told the documentary.

"He may have had some memories and emotions that somehow existed on this island beforehand in another life, and then somehow carried over to him." [5]

---

[5] (https://www.mirror.co.uk/news/weird-news/toddler-could-perfectly-describe-past-28725131)

Barra ist eine kleine Insel der nördlichen Hebriden, auf der Cameron McCauley in den 1960er Jahren lebte.

*

Diese Geschichten sind alle keine Einzelfälle, wenn auch selten. Es sei an dieser Stelle auch an den Fall David Llewelyn erinnert, der sich ebenfalls im zarten Alter erstmalig an sein vorheriges Leben erinnerte.

Prof. Ian Stevenson besuchte ihn noch in hohem Alter und war fasziniert von der Geschichte des Jungen. Er veröffentlichte den Fall 2003 in *European Cases of the Reincarnation Type*.

Im internet kann der Fall David Llewelyn, der 1970 in Chester/England erneut zur Erde kam, ausführlich angesehen und gehört werden.

Demnach handelte es sich um einen jüdischen Jungen, der von den Nazis in ein Konzentrationslager gesteckt wurde, dort traumatische Erlebnisse hatte und wohl auch verschied.

Es ist jedoch immer wieder problematisch, wenn Kinder sich an ihr vorheriges Leben als Juden erinnern, die in deutschen Konzentrationslagern umgekommen sind. Siehe auch der

Fall Barbro Karlen, die meint, in ihrem vorherigen Leben Anne Frank gewesen zu sein.

Yonassan Gershom (ein jüdischer Rabbiner, der die Kabbala studiert hat und in den USA lebt) hat Hunderte von Menschen interviewt, die alle meinen, sie seien in ihrem vorherigen Leben Juden gewesen, die im Hitler Deutschland lebten und starben und in den USA wieder zur Erde kamen.

Die Ergebnisse seiner Forschungen hat er in dem Buch „Kehren die Opfer des Holocaust wieder?" 1992 im Rudolf Geering Verlag veröffentlicht. Kein anderer Verlag war bereit dazu, sich dieses Themas anzunehmen.

Und dabei ist es doch so wichtig! Viele der Nazi-Opfer konnten rasch wieder inkarnieren und begannen ein neues irdisches Dasein.

*

Siehe auch: „Die Wissenschaft vom Leben nach dem Tod" (2024, Springer Verlag) der Autoren A. Moreira-Almeida, M. de Abreu & H. Schubert Coelho.

Historische Persönlichkeiten, die offensichtlich reinkarnierten - Versuch einer Studie

Das Folgende steht bislang nirgendwo geschrieben und wurde auch nicht medial empfangen oder offenbart, es sind meine persönlichen Vermutungen, denn ich bin nicht nur Buchautorin und Journalistin, sondern vor allem auch Historikerin, und im Bereich der Geschichtswissenschaft finde ich das Thema Reinkarnation überaus spannend und lehrreich.

*

Der deutsche Dichter Friedrich von Schiller soll in seinem vorherigen Leben der berühmte Feldherr Wallenstein (1583-1634) gewesen sein. Das könnte durchaus zutreffen, denn Schiller scheint seine Erlebnisse aus diesem Leben in der Dramen-Trilogie „Wallenstein" meisterhaft verarbeitet zu haben.

Wissenden (auf diesen Begriff möchte ich im Rahmen dieses Büchleins nicht weiter eingehen, er sei nurg in Abgrenzung zu Akademikern und Wissenschaftlern erwähnt) ist auch bekannt, daß der italienische Duce Benito Mussolini (1883-1945) in seinem vorherigen Leben Napoleon Buonaparte (1769-1821) gewesen ist.

Im Theaterstück „Campo di maggio" (1930) hat Mussolini die entscheidenden Tage von Napoleons Verbannung nach Elbe bis zur Schlacht bei Waterloo aufgezeichnet und analysiert. Mit dieser Vehemenz konnte das nur jemand tun, der darin selbst verwickelt gewesen ist.

Man beachte auch die verblüffende Ähnlichkeit der Gesichter und wie sie die Massen begeistern konnten.

*

Wir können, gerade aus dem Leben historischer Persönlichkeiten viel lernen. Wallenstein scheint als Schiller viel im Zwischenreich und später auf der Erde gelernt zu haben. Als Schiller brachte er der Erde wertvolle Dichtungen und Dramen.

Wohingegen Mussolini im Grunde noch ebenso agierte wie in seinem vorherigen Leben.

Aber dies sind Behauptungen, die von aufgeschlossenen Geschichtswissenschaftlern gründlich erforscht werden müßten. Bisher ist die Geschichtswissenschaft eine leere Kunst, die deshalb auch nur eine unbedeutende Rolle in der Wissenschaft spielt.

*

Interessant sind auch Fälle wie die von Alexander dem Großen/seinem Vater Philipp II., Friedrich dem Großen und seinem Vater Wilhelm I. sowie Heinrich II./Heinrich VIII./ Thomas Becket und Thomas More.

Wilhelm der II. erzog seinen Sohn Friedrich (1712-1786) streng, sie hatten kein gutes Verhältnis zueinander.

Ebendies ist auch von Alexander dem Großen und seinem Vater Philipp (382-336 v.Chr.) bekannt.

Sowohl Alexander als auch Friedrich waren geborene Feldherren mit einem Hang zu den schönen Künsten und der Philosophie. Auch im Vergleich von Makedonien und Preußen gibt es Parallelen.

Ausführlicher möchte ich auf den Fall Heinrich II. (1133-1189) und Thomas Becket (1118-1170) eingehen, der ganz offensichtlich seine Fortsetzung rund 350 Jahre später mit Heinrich VIII. (1491-1547) und Thomas More (1478-1535) fand.

Heinrich II. und Heinrich VIII. sind äußerlich wahre Normannen gewesen: groß, stattlich und mit einer enormen Vitalität versehen. Heinrich der II. zeugte mit seiner Ehefrau Eleonore von Aquitanien 8 Kinder! Die Zahl seiner illegitimen Sprößlinge ist nicht bekannt... Heinrich VIII. war 6-mal verheiratet und ließ einige seiner Ehefrauen hinrichten.

Heinrich II. ließ seine Ehegattin zeitweilig einsperren und führte gegen seine eigenen Söhne Krieg. Einer seiner Söhne war der legendäre Richard Löwenherz.

Es war die Zeit des Hochmittelalters, wo die Weichen für die weitere europäische Entwicklung gestellt wurden.

In Romanen und Verfilmungen wird meist nur das wollüstige und ausschweifende Leben der beiden Heinrichs dargestellt, doch wesentlich interessanter ist die jeweilige Beziehung des Regenten zum Lordkanzler. Die Beziehung zwischen Heinrich II. und seinem Kanzler Thomas Beckett wurde von vielen Zeitgenossen als *„außergewöhnlich"* angesehen"; sie sollen *„ein Herz und einen Verstand"* geteilt haben.

Im Jahre 1155 wurde Thomas Becket zum Lordkanzler von England, bereits 1162 ernannte ihn Heinrich II. zum Erzbischof von

Canterbury. Damit fingen die Streitigkeiten zwischen den beiden an.

1164 wurden die „Constitutions of Clarendons" festgelegt. Vornehmlich ging es darum, daß kriminelle Kleriker von einem weltlichen Gericht verurteilt werden sollten. Thomas Becket vertrat jedoch entschieden die Position der Kirche, wonach ein weltliches Gericht nicht über Kleriker zu urteilen habe. Diese Gesetzgebung sicherte sich die Krone durch den Eid. Thomas Becket verweigerte angeblich als einziger diesen Eid und akzeptierte auch kein weltliches Urteil über seine Entscheidung. Er verließ das Land.

Der Historiker Leopold von Ranke schrieb über diesen bewegenden Moment: *„Als er auf der Straße erschien, sank das Volk bei seinem Anblick auf die Knie. Hierdurch ward doch in der Tat die Einheit der Gewalt, die bisher in dem König bestanden hatte, durchbrochen (...) „Nachdem sich Becket dergestalt mit seinem Könige und seinem Lande in Krieg gesetzt, den er aber hier nicht ausfechten konnte, flüchtete er unter tausend Gefahren als Bru-*

der Christian und kam glücklich nach Flandern."[6]

Nach wiederholten Zwistigkeiten, vielem Hin- und Her und der Vermittlung des Papstes, kam Thomas Becket nach England zurück, wo er jedoch am 29. Dezember 1170 von vier Rittern des Königs vor dem Altar in der Kathedrale von Canterbury ermordet wurde. Anlaß dazu sollen die wiederholten Ausrufe von Heinrich II. gewesen sein *"Who will ride me off this turbulent priest?"* denn Tomas Becket wollte von seinen Überzeugungen nicht lassen.

"In den Bahnen des Starrsinns" lautet übrigens eine deutsche Biographie (Hanna Vollrath, 2004) über Th. Becket.

*

Thomas Becket wurde bereits im Jahre 1173 heilig gesprochen.

---

[6] aus: Illustrierte Weltgeschichte, Vollmer Verlag, 1958

Ironie des Schicksals ist es, daß Thomas More am 6. Juli 1538, am Vorabend des Festes des heiligen Thomas von Canterbury hingerichtet wurde. Auch er hatte sich geweigert, einen Eid abzulegen!

Heinrich VIII. ließ den Reliquienschrein Thomas Beckets in einem seiner Wutanfälle zerstören und das Skelett verbrennen. Angeblich, um den nicht erwünschten katholischen Reliquienkult damit zu vernichten, aber die Ursache lag wohl tiefer...

Thomas More ist uns vor allem bekannt als Verfasser des Romans „Utopia". Darin arbeiten die Menschen nur 6 Stunden täglich und hören vormittags Vorträge. Heinrich VIII. und Thomas More waren in jungen Jahren davon beseelt, mit dem katholischen Aberglauben und dessen Auswüchsen aufzuräumen (Blut vom Jesukind, Milch von Mutter Maria und Heu von der Krippe des Jesukindes waren damals zum Beispiel Reliquien, womit die Klöster warben).

Der Streit zwischen Heinrich VIII. und seinem ehemaligen Lordkanzler Thomas More entzündete sich daran, daß Heinrich VIII. die Anglikanische Kirche gründete und sich selbst zum Oberhaupt dieser neuen Kirche machte. Thomas More und Bischof Fischer waren die einzigen gewesen, welche sich geweigert hatten auf dies sogen. Suprematsakte den Eid abzulegen.

Vorausgegangen war die Weigerung des Papstes, seine Ehe mit der Königin Katharina von Aragon scheiden zu lassen, da riskierte Heinrich VIII. den Bruch mit dem Papst.

*

Thomas More (Morus) wurde am 29.12.1886 von der katholischen Kirche selig und am 19. Mai 1935 heilig gesprochen.

Als Lordkanzler erwies er sich als gnadenloser Verfolger von Anhängern der Lehre Martin Luthers. Diese wurden hingerichtet und protestantische Schriften verbrannt.

Gleichzeitig frönte er jedoch einem humanistischen Menschen- und Weltbild, er setzte sich stets für die ärmeren und schwächeren der Gesellschaft ein, sogar aus eigenen Mitteln.

*

Dies sind nur einige der bemerkenswertesten Beispiele von Reinkarnationen historischer Persönlichkeiten. Wir alle kommen wieder, insofern wir nicht aufsteigen können. Wir kommen wieder, da Karmafäden uns noch an die Erde binden, oder weil wir eine Mission zu erfüllen haben. Rudolf Steiner, Gandhi, u.v.a.m., sie alle sind offensichtlich wieder da.

Auch die Jünger Jesu waren wiederholt auf Erden und haben hier gewirkt.

Geistige Entwicklung und Gesetzmäßigkeiten

So lange die Menschheit das Wissen von wiederholten Erdenleben nicht akzeptiert und meint, wir würden nur einmal leben, der Mensch hätte sich selbst geschaffen, er wäre gar göttlich, wie viele annehmen, oder, wie viele Gläubige wähnen, sie würden sich durch ihren Glauben, also ihre innere Einstellung den Weg ins Himmelreich, zu Gott bahnen, oder, wie einige meinen, wir gehen nach dem irdischen Abscheiden im Nirwana auf, so lange wird es weder auf Erden noch für den Einzelnen einen geistigen Fortschritt geben. Das ist doch logisch.

Wir müssen uns, wie an einer Stufenleiter zum Paradies an die Gesetzmäßigkeiten der Schöpfung halten. Diese Gesetzmäßigkeiten werden uns, wie in keinem anderen Werk in dieser Ausführlichkeit in der Gralsbotschaft Im Lichte der Wahrheit von Abd-ru-shin erklärt.

Das Ziel des Menschengeistes ist es, Erkenntnisse zu gewinnen, um zu reifen. Wir gehen als Geistsamenkorn aus.

Das ist gemeint mit der biblischen Erzählung von der Vertreibung aus dem Paradies.

Hier, auf der Erde, in der Grobstofflichkeit, sind wir geschützt durch einen dichten, festen Fleischkörper, der uns eine ungestörte Entwicklung ermöglichen sollte. Als voll entwickelter Geist sollten wir dann nach erfolgter Wanderung durch die Welten heimkehren. Ins Paradies. Denn es ist Gesetz, daß alles in den Ursprung zurückkehrt.

Der Menschengeist entwickelte aber seinen inneren Kern, den Geist nicht in dem Maße, wie es ihm ermöglicht wurde, sondern er setzte seinen irdischen Verstand vor den leichteren, dem Irdischen fremden Geist. Würde er seinem Geist folgen, würde es ihn ganz gesetzmäßig nach oben ziehen, denn alles Leichtere, Feinere strebt nach oben.

Dem Gesetz der Schwere folgend sinkt alles Dichtere, Schwere jedoch nach unten.

*

Einer, der dies bereits vor rund 100 Jahren den Menschen begreiflich zu machen suchte, war Manfred Kyber (1880-1933). In seinem Werk „Neues Menschentum" schrieb er:

„Der Mensch ist Bürger zweier Welten und nicht nur einer. Ich kann es mir ersparen auf, auf die zahllosen Belege einer jenseitigen Welt hinzuweisen, welche in der letzten Zeit einwandfrei erbracht und durch eine reiche Literatur jedem zugänglich gemacht worden sind. Eine einseitig gewordene und sehr reformbedürftige Wissenschaft lehnt das heute noch vielfach ab – und welche Erkenntnis hätte sie nicht zuerst abgelehnt? Gerade diese Wissenschaft ist ja die Hochburg jenes doktrinären Denkens, jenes engen Fachhorizonts, der uns so weit in den Bankerott aller Werte hineingetrieben hat."

Wären die Menschen geistig wacher, würden sie zur Erkenntnis der Gesetze in der Schöpfung kommen und diese als Himmelsleiter zum geistigen Aufstieg nutzen. Wozu ein Erdenleben meist nicht ausreichend ist, denn der Mensch bindet sich seit Jahrtausenden durch falsche Einstellungen und falsche Handlungen an die Erde.

Der Verfasser der Gralsbotschaft „Im Lichte der Wahrheit" Abd-ru-shin erklärt dies folgendermaßen: (aus dem Vortrag „Erwachet")

„Man könnte also sagen: das Jenseits ist, was jenseits der Erkennungsfähigkeit unserer körperlichen Augen ist. Eine Trennung aber zwischen Dies- und Jenseits gibt es nicht! *Auch keine Kluft! Es ist alles einheitlich, wie die gesamte Schöpfung. Eine Kraft durchströmt das Diesseits wie das Jenseits, alles lebt und wirkt von diesem einen Lebensstrom und ist dadurch ganz untrennbar verbunden. Daraus wird folgendes verständlich:*

Wenn ein Teil davon krankt, muß sich die Wirkung in dem anderen Teile fühlbar machen, wie bei einem Körper. Kranke Stoffe dieses anderen Teiles strömen dann zu dem erkrankten über durch die Anziehung der Gleichart, die Krankheit dadurch noch mehr verstärkend. Wird nun solche Krankheit aber unheilbar, so fließt daraus der notwendige Zwang, das kranke Glied gewaltsam abzustoßen, wenn nicht das Ganze dauernd leiden soll.

Aus diesem Grunde stellt Euch um. Es gibt kein Dies- und Jenseits, sondern nur ein einheitliches Sein! Den Begriff der Trennung hat allein der Mensch erfunden, weil er nicht alles sehen kann und sich als Mittelpunkt und Hauptpunkt der ihm sichtbaren Umgebung dünkt. Doch sein Wirkungskreis ist größer. Mit dem Trennungsirrtum aber schränkt er sich nur ein, gewaltsam, hindert seinen Fortschritt und gibt Raum der zügellosen Phantasie, die ungeheuerliche Bilder bringt.

Ist es dann überraschend, wenn als Folge viele nur ein ungläubiges Lächeln haben, andere krankhafte Anbetung, die sklavisch wird oder zu Fanatismus ausartet? Wer kann da noch erstaunen über scheue Furcht, ja Angst und Schrecken, die bei manchen großgezogen werden?

Fort mit allem! Weshalb diese Quälerei? Stürzt diese Schranke, die der Menschen Irrtum aufzurichten suchte, die jedoch niemals bestand! Die bisher falsche Einstellung gibt Euch auch eine falsche Grundlage, auf der Ihr Euch umsonst bemüht, den wahren Glauben, also innere Überzeugung, ohne Ende aufzubauen. Ihr stoßt dabei auf Punkte, Klippen, die Euch wankend machen müssen, zweifelnd, oder zwingen, den ganzen Bau selbst wieder zu zertrümmern, um dann vielleicht verzagend oder grollend alles aufzugeben.

Den Schaden habt Ihr dabei ganz alleine, weil es für Euch kein Vorwärtskommen, sondern Stehenbleiben oder Rückwärtsschreiten ist. Der Weg den Ihr doch einmal gehen müßt, wird Euch dadurch verlängert.

Habt Ihr endlich die Schöpfung als ein Ganzes aufgefaßt, wie sie es ist, macht keine Trennung zwischen Dies- und Jenseits, dann habt Ihr den geraden Weg, das eigentliche Ziel rückt näher, und der Aufstieg macht Euch Freude, gibt Genugtuung. Ihr könnt dann auch die Wechselwirkung viel besser fühlen und verstehen, die durch das Ganze, Einheitliche lebenswarm pulsieren, weil alles Wirken von der einen Kraft getrieben und gehalten wird. Das Licht der Wahrheit bricht Euch damit an!"

Und aus dem Vortrag „Aufstieg":

„Bedenkt, daß jede Erdenlaufbahn eine kurze Schule ist, daß mit dem Ablegen des Fleisches für Euch selbst kein Ende kommt. Ihr werdet dauernd leben oder dauernd sterben! Dauernd Glück genießen oder dauernd leiden!

Wer wähnt, daß mit dem irdischen Begräbnis auch für ihn alles erledigt, alles ausgeglichen ist, der wende sich und gehe seinen Weg; denn damit will er nur sich selbst betören. Entsetzt wird er dann vor der Wahrheit stehen und seinen Leidensweg beginnen ... müssen!

Sein wahres Selbst, entblößt vom Schutze seines Körpers, dessen Dichtheit ihn wie ein Wall umgab, wird dann vorn dem ihm Gleichartigen angezogen, umringt und festgehalten.

Das Aufraffen des ernsten Wollens zu dem Besseren, das ihn befreien, höher bringen könnte, wird ihm schwerer, lange Zeit unmöglich, weil er nur dem Einfluß der gleichartigen Umgebung unterworfen ist, die keinen derartigen Lichtgedanken in sich trägt, der ihn erwecken, unterstützen könnte. Er muß doppelt unter allem leiden, was er sich erschaffen hat.

Aus diesem Grunde ist ein Aufwärtskommen dann viel schwerer als in Fleisch und Blut, wo Gutes neben Bösem wandelt, was nur der Schutz des Erdenkörpers möglich macht, weil... dieses Erdenleben eine Schule ist, wo jedem „Ich" die Möglichkeit der Fortentwicklung gegeben ist nach seinem freien Willen."

*

Zum Schluß dieses Kapitels noch etwas Persönliches:

Auch ich weiß, wer ich in meinem vorherigen Leben gewesen bin. Ich war mit herausragenden Fähigkeiten ausgestattet und habe den irdischen Tod als historische Persönlichkeit

„überlebt". Darüber möchte ich aber zur All-
gemeinheit nicht sprechen

Von daher weiß ich, was für eine Gnade und
welch ein Segen darin liegt, daß ich wieder
inkarnieren durfte und konnte! Allerdings unter
erschwerten Bedingungen, da ich in meinem
vorherigen Leben versagte, was mir ein Wirken hier auf der Erde derzeit nicht gerade er-
leichtert. Außerdem wird man immer wieder
vor dieselben Herausforderungen gestellt, die
zu bewältigen sind.

Ich weiß auch von Menschen, die gleich mir
zur Erkenntnis von Licht und Wahrheit kamen
und in ihrem vorherigen Leben zum Beispiel
Pastoren gewesen sind. Sie möchten wirken
und geradebiegen, was sie in ihrem vorherigen Leben irrtümlich lehrten. In diesem Leben
meiden sie selbstverständlich ein Theologie-
studium, da sie wissen, daß Ihnen auf der
Universität wenig von dem gelehrt wird, was
Sie als Seelsorger einer Gemeinde vermitteln
möchten. Dadurch wird es Ihnen aber er-
schwert, Menschen zu erreichen, um Ihnen
Hilfe im WORT zu geben.

Derzeit gibt es nur wenige Menschen, die im
Lichte der Öffentlichkeit stehen und Licht und
Wahrheit verbreiten.

Vertieftes Wissen zur Reinkarnation

Wie geht eine Wiederfleischwerdung überhaupt vor sich? Wann komme ich zu welchen Eltern und wieso?

Warum werden einige als Mann geboren und im nächsten irdischen Dasein als Frau? Womit hängt das zusammen?

Warum kommen einige in wohlhabenden Verhältnissen wieder zur Erde, andere werden in ärmlichen Verhältnissen geboren?

Was sind angeborene Krankheiten? Warum werden manche behindert oder beeinträchtigt geboren, andere wiederum erfreuen sich bester Gesundheit, Schönheit und Lebensfreude?

Da möchte ich zunächst einmal wieder Johann Wolfgang von Goethe bemühen, der schrieb

„Vom Vater hab ich die Statur, Des Lebens ernstes Führen, Vom Mütterchen die Frohnatur Und Lust zu fabulieren. Urahnherr war der Schönsten hold, Das spukt so hin und wieder; Urahnfrau liebte Schmuck und Gold, Das zuckt wohl durch die Glieder. Sind nun die Elemente nicht Aus dem Komplex zu trennen,

*Was ist denn an dem ganzen Wicht Original
zu nennen?"*

Diesen Aphorismus fand ich in einem Schul-
buch für Biologie unter dem Kapitel Verer-
bungslehre.

Noch heute glauben Menschen, Goethe hätte
gemeint, seine Talente und seine Fähigkeiten,
seine Vorlieben und Neigungen wären ihm
vererbt worden. Mitnichten.

Damit ist allen diesen Spekulationen ein ent-
schiedenes und klares Nein gesetzt worden.

Leider wird aber immer noch die Vererbung
von Eigenschaften angenommen und gelehrt.
Man hört es ständig. Geistige Eigenschaften
können aber nicht vererbt werden. Ebensowenig, wie Menschen „erzeugt" werden.

Selbstverständlich können biologische
Merkmale „vererbt" werden, aber schon die
Statur, also ob groß oder klein, hängt, wie alles im Kommen des Menschengeistes auf Erden, vom Gesetz der Anziehung der Gleichart
ab.

So, wie ich bin, wie ich mich entwickelt habe,
dementsprechend sind dann auch die Eltern,

die ich mir aussuche, bzw. zu denen ich mich hingezogen fühle. Dies erfolgt ganz selbsttätig.

Alles ist doch im Grunde Strahlung, Schwingung, Energie. Die moderne Physik hat dies erkannt und bewiesen. Es ist hier nicht der Raum, vertiefend darauf einzugehen. Darüber gibt es genügend Bücher. Viele Menschen guten Willens haben etliche Werke und Studien dazu veröffentlicht.

Die Inkarnation eines Menschengeistes erfolgt nach strengen Naturgesetzen. Wir wissen doch, zum Beispiel, daß eine chemische Reaktion, also eine Vermischung nur nach bestimmten Gesetzmäßigkeiten vor sich gehen kann. Auch bei Sympathien zwischen zwei Menschen sagt man doch „die Chemie stimmt", „gleich und gleich gesellt sich gern" oder „Art läßt nicht von Art". Darin liegt viel Wahres.

*

Die Inkarnation eines Menschengeistes ist quasi eine physikalische Verbindung zweier Menschengeister.

Entscheidend für den Weg, den der zu inkarnierende Geist zu beschreiten hat ist die sogenannte wesenhafte Brücke, welche die kleinen Körperwesen bauen, wofür aber die Mutter und der zu inkarnierende Menschengeist durch ihre Ausstrahlungen den „Stoff" liefern müssen. Hauptsächlich ist es die Art der Mutter, die bei einer Inkarnierung ausschlaggebend wirkt.

Formend wirken dann die kleinen Körperwesen, welche die Strahlungen in der Materie verdichten.

Wir Menschengeister, mit freiem Willen begabt, steuern es durch unser Wollen! Was wir wollen, müssen die Wesenhaften formen, denn sie besitzen keinen eigenen freien Willen, sie schwingen im Gotteswillen. Dadurch sind sie oftmals gezwungen, auch Unschönes zu formen.

*

Dieses Wissen war bis in das Mittelalter hinein noch hier und da bekannt. Christliche Missionare und Theologen, in Unkenntnis dieses Wissens, verteufelten die kleinen, stets hilfsbereiten Wesen, ob in der Natur, ob als Körperwesen oder schaffend in den Elementen, als Dämonen. Nur Engel ließ die christliche Kirche als Wesen gelten.

Alles ist aber belebt! Erdgebundene Geister sind um uns herum, die begierig auf eine neue Inkarnation warten, und auch Naturwesen, die Samen in der Erde betreuen, mit Strahlungen nähren, hegen und pflegen, sonst würde nichts wachsen!

Und ebenso würde nicht eine einzige Inkarnation auf Erden ohne die hilfreichen Hände der stets willig schaffenden Wesenhaften zustande kommen.

Auch bei Naturkatastrophen sind es die Wesenhaften, welche dafür verantwortlich sind. Die Germanen konnten die kleinen und großen Wesen des Feuers, des Wasser, der Erde und der Luft noch sehen und sie waren bestrebt, im Einklang mit ihnen zu leben. Ja, manche konnten auch mit ihnen sprechen. Durch Opfergaben und ein harmonisches Zusammenwirken waren Sie bemüht, das Vertrauen und die Hilfe nicht zu verlieren.

Wie kommt denn aber nun eine Inkarnation zustande?

Im Grunde kann es mit menschlichen Worten kaum beschrieben werden. In späterer Zeit wird es Wissenschaftler geben, die dies genau erforschen und beschreiben werden.

Ich möchte aus einer hohen Offenbarungs-schrift zitieren, deren Quelle ich unerwähnt lassen werde, es handelt sich dabei um eine Inkarnation aus höchsten Höhen auf einem anderen Planeten (Thyatira):

„ ..auf daß hohe Geister in gleicher Zahl zu inkarnieren vermöchten.

Darum zog gerade dieser lichte Tempel zu Thyatira die Fülle leuchtendster, hoher Geister an, zu dem Zeitpunkt einer ganz bestimmten Sonnenstellung im Kosmos. So rein, so über-einstimmend mit den wunderbaren Gesetzen Gottes schwang damals noch die stoffliche Schöpfung zum Teile.

Lichtfäden um Lichtfäden durchzogen die Höhen und feine, reine lichtstrahlende Fäden reckten sich ihnen aus dem Stoff entgegen. Ein wunderbar aufglühendes Lichterleben war dieses Eintreten der Geister, dies strahlende Bauen der feinstofflichen Hülle, und das wun-derbare naturgesetzliche Weben der wesen-haften Brücken.

Auch ... ward von flammenden Strahlen um-geben, die glühend aus ihm brachen in starker Betätigung des Lebensdranges, sobald er in einer bestimmten Strahlungsnähe einer im

selben Zustand begriffenen wesenhaften Brü-
cke war.

Es geschah ein Eintauchen, ein Aufflammen und dennoch Bestehen, ein Sichumhüllenlassen und sanft Entschlummern.

So ging der bewußte Geist hinüber in das stoffliche Dasein dem ähnlichen Zustand, in dem er es, nur in umgekehrter Folge einst schon verlassen hatte."

Soweit zu einer hohen Inkarnation. Im Prinzip erfolgt aber jede Inkarnation auf diesem Wege.

Entscheidend ist die wesenhafte Brücke. Aus dem Stoff, den Strahlungen, welche das Weib der Nachschöpfung bietet, liefert, sendet, wie auch immer, bauen die kleinen Baumeister im Stoff die wesenhafte Brücke, Deshalb können nur Frauen Kinder gebären, also Menschengeistern die Möglichkeit zur Inkarnation auf Erden bieten. Nur der weibliche Körper ist mit den wesenhaften Strahlungen in der Schöpfung verbunden, die Organe alleine sind es nicht. Würde man einem Manne weibliche Organe einsetzen, könnte er dennoch keine Kinder gebären. Entscheidend ist die wesenhafte Brücke. Die Strahlungsbrücke.

Daraus wird vielleicht auch klar, daß manche Frauen, die man als „unfruchtbar" bezeichnet, oder die ständig Fehlgeburten haben, einfach nur die wesenhaften Brücken nicht bieten. Entweder sind sie zu vermännlicht in ihrem Wesen oder ihrem Wirken, so daß die reineren, lichteren, weiblichen Strahlungen fehlen, oder aber etwas in der Umgebung der Frau, die ein Kind gebären könnte, hindert die Wesenhaften daran, die Strahlungsbrücke zu bauen. Ohne diese aus wesenhaftem Stoff „gezimmerte" Brücke kann kein Menschengeist in die Grobstofflichkeit inkarnieren. Es ist die Verbindung, - ebenso, wie sich chemische Arten nur einer gewissen Konsistenz, Wärmegraden, usw. verbinden können-, welche entscheidend für die Inkarnation ist.

Alles in der Schöpfung ist ein Wunderwerk der feinsten Abstufungen, auch in Farben und Tönen.

Es wird eine Zeit kommen, sie liegt allerdings noch in weiter Ferne, wo dies alles selbstverständlich für den Menschengeist sein wird und er diese Gesetzmäßigkeiten genau beachten wird, um sowohl irdisch als auch geistig weiterzukommen. Für denjenigen, der sich dafür jedoch nicht willig öffnen wird, wird zukünftig keine Möglichkeit zur Entwicklung auf Erden mehr sein.

Das ist doch alles eigentlich logisch, oder? Wer die notwendige Harmonie stört, muß wie ein krankes Glied abgestoßen werden. Es wird selbsttätig vor sich gehen.

*

Zu den wechselnden Inkarnationen, einmal Mann einmal Frau erklärt die Gralsbotschaft „Im Lichte der Wahrheit" wie dies zusammenhängt:

Demnach ist das Weib der Nachschöpfung der stärkere Teil, da es feiner und empfindsamer ist, dadurch lichtverbundener, als der mehr grobe Mann, dessen Wirken nach außen, im Stoffe gerichtet ist. Man könnte auch sagen, der Mann ist mehr dem Geistigen verbunden, die Frau dem Wesenhaften.

„Nun werdet Ihr Euch selbstverständlich fragen, wie es dann kommen kann, daß manche Menschenseele auf Erden wechselnd einmal als Weib und ein anderes Mal als Mann inkarniert werden kann. Die Lösung dafür ist nicht so schwer, wie Ihr es denkt; denn ein in jeder Beziehung echtes Weib wird niemals in die Lage kommen, grobstofflich als Mann inkarniert werden zu müssen.

Ein solcher Vorgang ist wiederum nur eine der üblen Folgen der Herrschaft des Verstandes, so sonderbar das auch klingen mag.

Das Erdenweib, das sich dem Verstande unterwirft, drängt damit gerade seine echte Weiblichkeit *zurück. Diese wird unterdrückt, da sie die* Empfindsamkeit *bildet, welche der nüchterne Verstand einmauert, und dadurch knüpfen sich die Schicksalsfäden so, daß ein solches Weib das nächste Mal als Mann in*karniert werden muß, *weil ja dann nach dieser Zurückdrängung und Einmauerung nur das gröbere Geistige vorherrscht und die Fäden schöpfungsgesetzmäßig gar nicht anders geknüpft werden können.*

Derartige Inkarnierungsänderungen sind *dann notwendig, da sich* alles *entwickeln* muß, was in dem Menschengeistkerne angeschlagen wird.

Das wäre an sich noch gar nicht so schlimm. Aber hierbei spricht der Umstand mit, daß die Frauenseele bei dieser Verbiegung ihrer Aufgabe im Manneskörper wohl klug *wirken kann, trotzdem aber nur körperlich, niemals auch geistig und seelisch ein wahrhafter Mann sein wird! Es ist und bleibt eine Abirrung (..)*

Ebenso ist es in umgekehrter Weise. Die Mannesseele, die durch Verweichlichung zu sehr der weiblichen Art zuneigte in ihrem Denken und Tun, zwang sich dadurch selbst durch die damit entstandenen Fäden zu einer späteren Inkarnation in einen Frauenkörper. Es war aber dabei ebensowenig möglich, daß solche Seelen dann echte *Frauen werden konnten, da ihnen der Teil des zur Weiblichkeit gehörenden höheren Wesenhaften fehlt.*

Aus diesem Grunde findet man auf Erden oft Männer mit vorherrschenden weiblichen Eigenschaften und Frauen mit vorherrschenden männlichen Eigenschaften! Die Art *ihrer Seelen ist aber bei beiden nicht echt, sondern verbogen, und in der Schöpfung selbst außer für grobstoffliche Fortpflanzungsmöglichkeiten unbrauchbar."*

(aus dem Vortrag „Weib und Mann")

*

Untrennbar verbunden mit dem Begriff Reinkarnation ist das Thema Karma. Das eine ist eigentlich ohne das andere nicht zu denken.

Wie eines Menschen Werk, so ist sein Los

Der Spruch stammt aus der isländischen Gis-li-Saga.

Wie wir wirken, was wir tun, wie wir denken und empfinden, was wir ausstrahlen, so formen wir unser Los. Mit Los ist Schicksal gemeint. Das, was uns geschickt wird. Die Auslösung dafür sind unsere Empfindungen, Gedanken, Worte und Handlungen. Nach unserem Wollen formen dann die Wesenhaften unseren „Lebensteppich".

Karma meint „Wirkung der Tat".

Jesus lehrte doch, was der Mensch sät, das muß er ernten. Das Schöpfungsgesetz von Ursache und Wirkung.

Im Alten Testament der Bibel steht:

„Wind säen und Sturm ernten" (Hosea)

Die Ernte unserer Saat beträgt also ein Vielfaches! Im Guten wie im Schlechten.

Deshalb wird es höchste Zeit, daß der Mensch sich mit den Schöpfungsgesetzen befasst, wenn er nicht der ewigen Verdammnis anheimfallen will, denn die Möglichkeit zur Inkarnation auf Erden ist nur eine begrenzte Zeit möglich. Irgendwann kommt die Auflösung alles Stoffes, und bis dahin muß der Mensch sich vom Stoffe gelöst haben. Die Schöpfungsgesetze weisen ihm den Weg dazu!

Am Sein erhalte Dich beglückt! Das Sein ist ewig, denn Gesetze bergen Schätze, aus denen sich das All geschmückt!

(Johann Wolfgang von Goethe)

Epilog

In diesem Büchlein wurde das entscheidende Wissen zum Thema Reinkarnation zusammengetragen. Dieses Wissen stammt hauptsächlich aus dem Werke „Im Lichte der Wahrheit" Gralsbotschaft von Abd-ru-shin.

Insofern es nicht um Menschen oder Forscher geht, welche dieses aus eigener Erfahrung bestätigen.

Das Wissen um wiederholte Erdenleben war außerdem den größten Denkern und Dichtern aller Erdepochen immer bekannt.

„Ich bin überzeugt, daß es wahrlich so etwas wie ein nächstes Leben gibt und daß die Lebenden aus dem Bereich der Toten kommen." (Platon) *„Die Wiederkehr zum Leben ist eine Tatsache, und es ist eine Tatsache, dass die Lebenden aus den Toten hervorgebracht werden und dass die Seelen der Toten existieren."*

So oder so wird es Platon zugeschrieben. Zumindest wurde es in Griechenland gelehrt und war teils zu Zeiten von Jesus noch lebendig vorhanden.

Siehe Seiten 5-7 in diesem Buch.

*„Wer hier nicht zur Vollendung gelangt, ge-
langt vielleicht drüben dahin, oder muß eine
abermalige irdische Laufbahn beginnen."*

(Novalis)

*„Leben ist eine Reise, die heimwärts führt".
„Der Körper ist nur die Schlacke meines besseren Ichs".*

(Herman Melville)

*

Ob Platon und Pythagoras, ob Shakespeare,
ob Schlegel, Heine, Balzac, Goethe, Fichte,
um nur einige zu nennen, oder auch Tolstoi -
(*„Wie gut wäre es, wenn man die Erlebnisse
eines Menschen schildern könnte, der in seinem früheren Leben sich selbst getötet hat. Er
stößt stets auf die selben Anforderungen, die
ihm früher entgegenstanden, und so gelangt
er zum Bewußtsein, er müsse diese Anforderungen erfüllen. Durch die Erfahrung belehrt,
wird dieser Mensch vernünftiger sein, als die
andern."* Tagebucheintrag vom 13.11.1896), -

sie alle haben von der Seelenwanderung ge-
wußt und hatten ein Ahnen von der Bestim-
mung des Menschen.

Denn es sind doch die entscheidenden Fragen des Seins, denen wir uns stellen müssen

- Woher kommen wir
- Warum leben wir auf Erden?
- Was ist der Sinn des menschlichen Daseins?

Das sind die Fragen, die gestellt werden sollten. Dabei müssen die tiefen Inspirationen der Dichter und Denker, die hohen Offenbarungen sowie die persönlichen Erlebnisberichte bei Studium und Lehre in Betracht gezogen werden, und nicht die Erkenntnisse derjenigen, die nur mit dem Verstand jenseitige Welten tun, das kann nur jemand mit einer erweiterten Empfindungsfähigkeit und einer gewissen Reife.

*

Ein Wort zum Schluß noch zum Begriff Wiedergeburt, der oft im Zusammenhang mit der Reinkarnation fällt.

In geistigem Sinne bedeutet die Wiedergeburt, neu geboren werden. Dies meinte Goethe in seinem Aphorismus

„Stirb und werde": *„Und so lange Du dies nicht hast, bleibst Du ein trüber Gast auf der Erde."*

Wiedergeburt ist geistig gemeint. Wir müssen im Geiste neu geboren werden, um aus dem Rad von Tod und Geburt auszusteigen. Das Ziel des Daseins, des zum Bewußtsein gekommenen Geistsamenkorns ist die vollbewußte, also wache, geistig rege Heimkehr ins Paradies.

Beladen mit „Schätzen", wie es uns Jesus im Gleichnis des verlorenen Sohnes veranschaulicht hat. Auch die bekannten „Märchen" (von Mär' = Kunde) sprechen von den Schätzen, mit denen wir heim zum Vater kehren (siehe z.B. „Hänsel und Gretel"). Siehe S. 77 hier im Buch: *„Schätze, aus welchen sich das All geschmückt..".* Damit ist geistige Kraft gemeint, die „Krone des Lebens" erringen.

Tiefe, zeitlose Weisheit, die sich nur dem geöffneten Geiste erschließt.

Ich bin freie Autorin, Jahrgang 1962. Auf der Suche nach Wissen, das meinen Geist befriedigen konnte, stieß ich 1993 auf das Werk „Im Lichte der Wahrheit" von Abd-ru-shin. Seitdem ist es mein Bestreben, aufklärend zu wirken.

Aus diesem Grunde bin ich seit 1998 als freie Journalistin, als Buchautorin und als Vortragsrednerin tätig.

Denn jeder Mensch soll und muß die Fähigkeiten, die in ihm ruhen, die er sich im Laufe seiner Wanderung durch die Welten aneignete und entwickelte, zur Entfaltung bringen.

Sicher wurde in diesem Büchlein nicht alles erfaßt und für jeden verständlich erläutert.

Auch das ist Entwicklung. Es gäbe noch vieles zu sagen. Man möge es mir nachsehen wenn es hier und da noch etwas ‚holperig' für den Einzelnen zu erfassen ist. Auch kommen, zum besseren Verständnis, Wiederholungen vor.

Corinna Hübener, Dezember 2024